EXPOSÉ

POLITIQUE,

PAR HENRI LAFOSSE.

—

NIORT,

IMPRIMERIE DE ROBIN ET Cie,

Rue Saint-Jean, 6.

Enfin, sorti de cette étourdissante ruche de mielleuses abeilles et de venimeux frêlons que l'on appelle candidats, presque tout entière si besogneusement empressée autour de ces candides électeurs que je ne me permettrai pas de comparer aux fleurs de la campagne, si je me décide à élever, à mon tour, ma faible voix, après un bourdonnement si retentissant de de professions de foi plus ou moins sincères; c'est que je sens qu'elle part d'un cœur fort d'une bienveillance à toute épreuve, du désir ardent d'une conciliation décisive, d'une conviction profonde que la guerre civile est la mort des idées justes, et que la paix civile est, au contraire, la mort des idées pernicieuses: d'un cœur fort, enfin, de la certitude que presque toutes les personnes, dont beaucoup ne l'avaient peut-être pas pensé jusqu'ici, professent depuis longtemps les opinions que j'ose développer à l'esprit de mes concitoyens.

A quoi servirait de le dissimuler : nous vivons entre l'épée sur notre tête et l'abîme sous nos pieds ; c'est le danger de la société toute entière ; c'est le duel définitif de l'erreur et de la vérité. Ce n'est pas assez d'être le témoin, il faut être le second de l'une ou de l'autre, et pour en être digne, il faut dire à tous laquelle des deux est l'habitante de notre esprit, l'épouse de notre cœur.

L'union est le remède suprême ; mais pour s'unir, il faut s'apprécier : pour s'apprécier, il faut se connaître. Que chacun proclame donc ce qu'il est en effet dans la sincérité de sa conscience. — Quelle est l'âme honnête qui pourrait, en face d'une si impérieuse nécessité, demeurer retranchée dans la coupable pudeur d'une modestie trop dangereuse aujourd'hui.

MES CHERS CONCITOYENS,

C'est au moment du danger que je vous supplie de vous retirer dans le cénacle sacré de la conscience, pour y méditer avec moi sur cette profonde observation d'un génie de l'Allemagne, et pour vous bien persuader qu'elle porte en elle, avec le remède à leur appliquer, le secret des maux prédits par Leibnitz, dans ces désolantes paroles : « Ceux qui se croient déchargés de « l'importune crainte d'une Providence surveil- « lante et d'un avenir menaçant, lachent la bride « à leurs passions brutales, et tournent leur « esprit à séduire et à corrompre les autres, et « s'ils sont ambitieux et d'une nature un peu « dure, il seront capables, pour leur plaisir ou « leur avancement, de mettre le feu aux quatre

« coins de la terre, et j'en ai connu de cette
« trempe. »

Hélas! chers concitoyens, n'est-il pas *de cette
trempe* le ministre qui, dans une circulaire affli-
geante pour la paix et la concorde, nous donnait,
naguère, de la liberté une définition si brutale :
« La liberté, disait-il, est l'exercice de toutes
« les facultés que nous tenons de la nature gou-
« vernée par notre raison. » Eh! quoi, nous
voilà donc livrés à tous les penchans, à tous les
instincts mauvais de l'esprit d'égoïsme et de la
vie sauvage! Eh! le fou lui-même ne prétend-il
pas agir selon les conseils de sa raison! Quel est
le crime atroce, depuis les assassinats de Lace-
naire jusqu'au régicide de Philippe-Egalité qui
n'ait invoqué le témoignage de la raison! —
C'est l'article unique du code de l'authropophage ;
mais M. Ledru-Rollin nous dira-t-il si celui qui
est dévoré est bien libre au même titre que celui
qui dévore.

Mais, chers concitoyens, si la *tiédeur* et la
mésintelligence du grand nombre sont la seule force
de la *ruse* et de la *méchanceté* du petit nombre, la
fermeté et l'*union* seront donc assurés d'en triompher toujours.

Soyons unis et fermes, et nous serons forts ;
soyons forts, et nous serons respectés et tranquilles.

Quel est le cœur honnête qui ne se sente fati-
gué d'une division si longue et qui paraissait si
persistante ; mais aussi, chers concitoyens, quelle

est l'intelligence, tant soit peu clairvoyante, qui ne se sente consolée et prise d'un invincible espoir à la vue de ces efforts incessans de la Providence, si manifestes partout dans son histoire, pour opérer enfin l'union évangélique des cœurs et des esprits.

Veuillez, chers concitoyens, étudier avec moi sa marche maternelle, pour montrer à ces esprits de liège qui flottent à la surface des choses sans jamais pouvoir descendre jusqu'au fond, qu'elle n'en avance pas moins, et moins sûrement dans un sage et assuré progrès, bien qu'elle ne procède pas toujours, comme les hommes, par d'étourdissantes catastrophes et des révolutions sanglantes et ruineuses.

Oui, à entendre ceux qui s'appellent révolutionnaires, en s'intitulant hommes de progrès, à l'exclusion de ceux qui ne pensent pas comme eux, l'on dirait que, depuis six mille ans, le monde est resté sans mouvement, pour ne commencer à marcher à son tour qu'au moment où Copernic arrêta le soleil.

Non, il n'en est point ainsi, chers concitoyens, et pour nous pénétrer de la réalité de ce mouvement du monde social, pour entrer dans la certitude d'une Providence amie de l'humanité, et veillant sans cesse pour le promouvoir au progrès de son bonheur, il nous suffira de jeter, un instant ensemble, les yeux sur les enseignemens de l'histoire. Veuillez donc suivre avec moi sa marche à travers les siècles, et vous la verrez, comme un berger bienveillant, s'attacher à chasser incessamment les hommes dans le bercail d'une union pacifique.

Le christianisme à sa naissance trouva l'esclavage ; et pour affranchir les hommes par un progrès lent et paisible, sans ébranler l'ordre social par des cataclysmes terribles, il en a fait par des transformations successives, des serfs maîtres de leur propre personne, non plus liés à la personne du maître ; mais, impérieusement et malgré toute volonté contraire, rivés à la terre qui lui fournissait la vie : des vassaux attachés à une souveraineté restreinte et secondaire, mais réelle : des sujets obéissant à la volonté immédiate et plus douce du souverain d'un grand grand empire, et enfin des citoyens participant eux-mêmes à la souveraineté, sous laquelle ils étaient antérieurement courbés, dernier prodige dont la date s'appelle 1789. Tout démontre que la Providence, pour terme définitif de sa bonté, veut faire de nous un peuple de frères ; elle semble même pour déterminer la date désirée de cette magnifique et dernière conséquence, avoir posé le doigt sur 1848. — Pourquoi, chers concitoyens, voudrions-nous résister à ses divins décrets quand l'obéissance est si douce.

Tout le monde sait que c'est Louis-le-Gros qui, en affranchissant les derniers serfs, établit aussi les communes, premier pas qu'ait fait la liberté sur le sol étonné de la France. Les hommes pauvres, une fois affranchis, tout ce qui se confectionnait chez les maîtres pour les besoins de la vie, dut se fabriquer à l'extérieur, hors de leur maison et de leur autorité immédiate, et c'est alors que les ouvriers commencèrent à travailler pour leur propre compte ; c'est de cette époque que date l'institution du *travail libre*. Le besoin de l'organiser se fit aussitôt sentir, et c'est sous Louis-le-Jeune, en 1160, que parurent les premières corporations d'artisans, que constituèrent complètement, sous Saint Louis, les sages et célèbres réglemens d'Etienne Boileau, prévôt de Paris.

Philippe-le-Bel vint bientôt, en créant les états-généraux, donner une représentation légitime aux intérêts des Français affranchis. Jusqu'à Charles VII, à la seule noblesse appartenait le privilège de porter les armes pour la gloire et la défense de la patrie. Ce roi victorieux, par l'institution des francs-archers et des troupes soldées, et par la création plus démocratique de l'infanterie, fut le premier qui voulût, en unissant le peuple et la noblesse dans un même sentiment de patriotisme, leur donner l'avant-goût d'une égalité plus complète.

Louis XI, ce rusé précurseur de Richelieu et de Robespierre, vint à son tour promener le niveau, mais d'une façon plus violente. L'usage de la poudre avait, avant lui, déjà presque détruit la chevalerie ; sous son règne, ce fut la hache du bourreau qui commença la ruine de la féodalité.

Bientôt survint François Ier, ce héros amoureux, et comme sous Charles VII la force militaire était passée au *peuple armé*, sous son règne la force judiciaire passa au *peuple lettré*, par la vénalité des offices de judicature, résultat découlant de l'appauvrissement en hommes et en fortune du corps nobiliaire, et peut être aussi de l'excès de numéraire répandu sur l'Europe par la découverte de l'Amérique.

C'est ici qu'il faut parler de Luther, — la synthèse est la méthode de la puissance et de Dieu, l'analyse est la méthode de la faiblesse et de l'homme : car Dieu crée et l'homme cherche et devine : Dieu imprime et l'homme traduit. C'est ce qui explique que si la Providence procède par les faits, l'humanité procède par les idées qu'elle explore en tous sens depuis les mauvaises, pour les expérimenter et n'y plus revenir, jusqu'aux bonnes pour s'y arrêter définitivement, et pour se trouver prête au moment marqué par la synthèse de Dieu. C'est là le secret de la venue de Wicleff et de Jean Hus, ces sentinelles perdues du sens privé, et plus tard de Luther, ce puissant champion de la raison pure et de la force brutale apparaissant de nouveau sous le masque trompeur d'une liberté plus complète. Sans aucun doute, l'examen et l'analyse appartiennent à l'homme d'une manière limitée, en ce qu'a dû se réserver une raison supérieure, sans contrôle en tout ce qui fut abandonné par elle à leur contestation légitime. Luther, lui, voulut les jeter comme un hardi défi au principe d'autorité, ce rivage granitique d'une mer orageuse qui ne pourra le franchir, et c'est contre lui qu'ils devaient se briser comme des flots révoltés de la Providence divine : il les présenta comme étant la nature même de la liberté qu'il isolait au milieu du monde, ne comprenant pas qu'elle ne peut respirer et vivre que dans le milieu de l'autorité, que l'autorité est l'atmosphère de la liberté, que la domination de la liberté sans limite ou licence des passions est la domination de la force, et qu'enfin le règne de la force est le règne de l'esclavage. Mais heureusement la raison de la société comprend mieux la vérité que ne le fait la raison de Luther qui, sans le vouloir sans doute, a servi les desseins de la Providence, en faisant expérimenter au monde que l'analyse légitime de l'homme n'est que l'esclave de la synthèse de Dieu, que le libre examen et le sens privé ne sont pas la règle supérieure des choses, et que la liberté sans limite n'est pas la liberté. Tout démontre, chers concitoyens, que le jour n'est pas loin où le monde, comprenant que la liberté pure n'est que l'esclavage et la tyrannie, la violence et le désordre, reviendra docilement, muni du pain de l'expérience, et pour n'en plus sortir, dans la pratique d'une liberté en apparence moins complète, mais en réalité plus sincère. — L'imprimerie fut la mère de la discussion, ce moyen nécessaire du triomphe définitif de la vérité. Guttemberg fut le père désolé de Luther, ce fils dénaturé! Tout annonce que son dernier né sera la liberté, l'héritière légitime de sa gloire et de ses trésors.

La classe moyenne grandissait incessamment sur les ruines de plus en plus confuses de la féodalité, lorsque Richelieu, de sa main implacable, vint porter le dernier coup à cette magnifique grandeur qui n'était déjà plus qu'un fantôme. Dès lors, la féodalité ne fut plus que l'aristocratie, et l'égalité croissante se trouvait déjà dans la bouche du roi lorsqu'il appelait nobles et roturiers par l'uniforme nom de sujets : lorsqu'il désignait par le même titre Colbert et Lomenie, Jean-Bart et d'Estrées, Abraham Fabert et François de Montmorency.

C'était le moment fixé pour la venue de l'honnête et juste Montesquieu, ce magnifique législateur des gouvernemens nouveaux; mais les instrumens de la providence ne sont pas toujours purs pour ses desseins les plus divins. Quels odieux et néfastes bourreaux que Louis XI et Richelieu! mais aussi quels honteux apôtres que le régent et Rousseau, Voltaire, Helvétius et d'Holbach! quels pâles, inertes et blêmes matérialistes! quelle troupe railleuse de spectres de corruption!..... Ils soufflèrent sur la France, sur tous les hommes une égalité de plus, l'égalité du vice, l'égalité de la matière! En effet, dès que l'âme et le cœur se sont sauvés épouvantés, pour ne plus laisser que des corps inertes, quelle différence est entre eux? Quel prétexte existe encore, pour dire que l'un soit plus noble que l'autre? Qu'est ce qui peut établir les classes politiques, si ce n'est l'utilité et la vertu? Et s'il en est ainsi, pouvait-il, en dehors de cette égalité du vice, y avoir une classe supérieure ayant le droit de gouverner les autres. — C'est là le raisonnement triomphant de 1789.

Peut-être était il dans les desseins de la providence d'avancer plus lentement pour arriver à son but plutôt et d'une manière plus définitive et plus certaine; car aller trop vite, c'est presque toujours procéder par la violence et manquer infailliblement le but proposé. Les hommes donc, depuis 1789, ayant voulu forcer la main à la providence, c'est ce qui explique que nous n'étions pas encore, ces derniers jours, dans cette fusion désirée que Dieu nous offrait dès cet instant. Mais les obstacles de toute nature apportés par les hommes sont-ils assez puissans pour arrêter sa marche progressive.

A la place d'une aristocratie gouvernant l'État, 1789 nous imposait une bourgeoisie souveraine; mais l'exemple de la violence est excitant à l'égal de la vue du sang: et comme la bourgeoisie, croyant qu'une révolution politique consiste dans une substitution de possesseurs privilégiés du pouvoir, des honneurs et des places, s'en était emparée, le peuple dût se dire: A chacun ce qui le touche le plus. Alors, vainqueur par sa force brutale qui n'avait plus de frein, au lieu de rester paisiblement dans la satisfaction du pouvoir,

il se rua donc indistinctement, parce que c'était
une conquête, sur la richesse qu'il n'avait pas,
noblesse ou bourgeoisie, n'importe ; et comme on
n'hérite que des morts, il tua civilement et réellement. La France entière fut un marais de sang,
et Robespierre fut le grand pontife de cette épou-
vantable hécatombe. Puis comme David, s'écriait
toujours : « Broyons, broyons du rouge. » Comme
Barnave, en excusant les massacres des royalis-
tes, avait dit : « Ce sang est-il donc si pur ! »
Rewbel disait : Allez dans toutes les maisons,
forcez les coffres-forts, et prenez ce qui s'y
trouve. » Barrère s'écriait : « Battons monnaie
sur la place de la Révolution. » Toutes ces énor-
mités pouvaient advenir alors dans l'étonnement
de si audacieuses nouveautés ; mais pourrait-il en
être encore ainsi après une si odieuse et si redoutable épreuve, dans notre ère d'égalité des rangs
et des fortunes ?

Des deux révolutions de 1789 et de 1793, il
est vrai que la première, seule, celle de la bourgeoisie, avait atteint son but, car, de même que
Richelieu avait détruit la féodalité, Mirabeau
n'avait-il pas à jamais précipité l'aristocratie dans
les abîmes de la mort, tandis que 1793, celle
du peuple, agissant par une violence encore plus
inique, l'avait laissé lui-même, depuis ce temps,
dans une position plus fâcheuse. Mais, malgré
tout, pour lui un grand pas était fait : le nivellement des fortunes, en rapprochant les riches des
classes laborieuses, devait leur procurer ulté-

rieurement une appréciation réciproque plus équitable et leur prouver, enfin, qu'après tout et malgré des précédens lamentables, ils n'avaient ni l'un ni l'autre, dans la réalité, des gueules de tigres pour se dévorer entre eux, et qu'ils pouvaient des deux côtés vouloir le progrès par des voies pacifiques, ainsi que l'égalité du peuple, comme celle de la noblesse et de la bourgeoisie.

La providence voulut donc faire prévaloir son système de sage lenteur, méconnu depuis cinq années de violence et d'agitation. Le Directoire, une main dans la bourse de la France, et de l'autre soutenant la tête de Robespierre, pour sceau, vint, enfin, apposer son cou sanglant à la trève ardemment désirée. Mais quand la justice du peuple, indignée de ce nouvel et honteux essai du gouvernement exclusif de la classe moyenne, voulût relever son aveugle couteau, Napoléon parut, Napoléon, ce Moïse moderne, envoyé de Dieu pour nous faire traverser la Mer Rouge et nous diriger vers la terre promise ; Napoléon parut, lui au moins noblement, tenant d'une main le glaive qui triomphe, et de l'autre la loi qui gouverne.

Jamais, avant lui, l'égalité, bien qu'elle ne fut pas encore entière, ne s'était pourtant montrée si parfaite ; mais la providence, tout en se servant de ce magnifique envoyé, de cette sublime colonne de feu, pour nous diriger vers son but à travers le désert, peut-être voulut-elle aussi nous

le montrer comme une preuve vivante de l'im-
puissance de la force et du génie à gouverner les
hommes, quand ce n'est pas dans les sentiers du
droit et de la justice.

Méconnaissant, dans l'orgueil de sa gloire, les
conseils de la suprématie divine, le monarque
nouveau, non content de sa cour de rois étrangers
et vaincus, voulut encore se faire un entourage
de privilégiés nouveaux : il voulut refaire une
noblesse politique, distincte, dans son action du
reste de la nation souveraine, et la main qui le
soutenait au milieu de nous n'eût qu'à fermer les
doigts pour le briser à l'instant comme un instrument rebelle.

La Restauration suivit avec ses intentions honnêtes ; mais elle eut le malheur d'accepter la suc-
cession telle qu'elle l'avait trouvée. Sans doute,
le progrès de l'égalité avait marché sous l'Empire
par le nivellement des fortunes et par la simili-
tude et la fraternité de gloire. La Restauration
l'adopta ; mais elle eût le tort fatal d'accepter
comme un fait définitf ce qui n'était encore qu'un
progrès ; elle ne vit pas que l'abaissement du niveau des fortunes et l'accession plus nombreuse
de la classe intermédiaire au bonheur matériel
dont jouissait à peu près seule autrefois la noblesse, n'étaient pas l'égalité, mais seulement
des moyens qui devaient y conduire. Elle ne vit
pas qu'en créant ainsi une égalité d'en haut,
fondée sur des bases matérielles, elle posait un
principe fatal et communiste, et donnait raison

aux attaques des souteneurs de l'égalité pure par l'inconséquence de sa logique et de sa conduite ; elle ne comprit pas que l'égalité ne pouvait se mesurer au poids des écus plus ou moins légitimement acquis, mais que pour la maintenir dans toute sa réelle, efficace et spiritualiste nature, il fallait l'établir civile et politique et non pas financière : et c'est pourquoi, avec la noblesse et la portion la plus riche de la bourgeoisie, elle reforma une aristocratie qui, sous le nom de classe supérieure, s'empara du pouvoir par le cens à 300 francs, le double vote et le cens d'éligibilité. — Dieu, dans le gouvernement de Charles X, brisa l'honnêteté trompée qui s'opposait à ses desseins, comme il avait brisé la rébellion de la gloire, la conspiration de la corruption moyenne et l'iniquité du couteau populaire.

1830 entrait-il dans les desseins de la providence ? Oui et non, comme tous les gouvernemens qui l'avaient précédé. Oui, parce que l'homme, quelque maître qu'il soit de ses propres actions, ne dispose jamais à son gré de leur portée finale, la providence les dirigeant, incessamment et malgré lui, vers son but. Non, parce qu'il voulut aussi lui avoir sa classe privilégiée, sa meute de choix pour la curée du pouvoir : de là le sophisme et le triomphe momentané du gouvernement des classes moyennes ; triomphe digne du talent de MM. Guizot et Thiers, sophisme à la hauteur de leur implacable orgueil. Gouvernement des classes moyennes ! Que veut dire ceci ! Gouvernement des classes supérieures, s'il répugne à la raison, répugne-t-il donc à la logique ! Et dès qu'une classe gouverne, n'est-elle pas, *ipso facto*, la classe supérieure dans un établissement temporaire, et ne le devient-elle pas définivement si l'établissement devient définitif; aussi son tort ne pouvant être évidemment d'être une classe moyenne gouvernant l'état, son tort fut d'être, par l'invincible logique du fait, une classe privilégiée, une classe supérieure en possession exclusive du gouvernement, après en avoir ambitieusement combattu et raisonnablement abattu le principe.

Ainsi, 1830 se proclama-t-il, par voie d'exclusion, le gouvernement des classes moyennes composées de la portion la moins riche de la bourgeoisie et d'une portion de noblesse besoigneuse et félonne à sa propre institution : gouvernement « d'esprits d'entre-deux qui font les entendus et sont ceux-là qui troublent le monde, » comme dit Pascal. 1830, avec le cens à 200 et à 500 fr., s'était fait un gouvernement du milieu tellement en dehors des plus simples notions de la justice et d'une égalité visiblement nécessaire et croissante qu'en 1846 un honorable centrier arrivait jusqu'à dire que la droite était *en dehors de la constitution*, et qu'un autre dans la même séance, en parlant du peuple, l'appelait *populace*, du nom de mépris dont l'honnête homme stygmatise l'ensemble des voleurs et des forçats surnuméraires, aspirans ou libérés.

Mais quelque mépris qu'il eut pour la *noblesse* et pour la *populace*, 1830 ne put échapper à la logique, et en dépit de son ridicule sophisme du *gouvernement des classes moyennes*, dût-il tendre fatalement à se constituer en classe supérieure : il dût vouloir s'organiser en aristocratie et crut y parvenir en se fabricant une hiérarchie complète de titres nobiliaires. Aussi eut-il le chevalier Poirson, le commandeur Rossi, le baron Martineau Deschenetz, le vicomte Jacqueminot, le comte Bresson, le marquis Séguier, le duc Pasquier : sans de graves inconvéniens, sans aucun doute, nous aurions eu l'écuyer Gudin, et les princes Teste, Cubières et de Praslin : à coup sûr, après cela l'archi-duc ou grand duc d'Orléans ne nous aurait pas fait faute. — Mais heureusement tous les d'Orléans nous ont manqué : Que le pardon de la France les suive dans l'exil, cet enfer de la vie.

Si je demandais au plus simple habitant des campagnes pourquoi le gouvernement avait donné à la princesse Hélène, dont toute la France admira le magnanime courage, pourquoi, dis-je, il lui avait donné, comme chevaliers d'honneur, les ducs de Praslin et de Coigny, plutôt que MM. Fleury, Vatout et Trognon, évidemment, l'honnête cultivateur me répondrait aussitôt : — C'est que c'était le gouvernement des nobles.

Pourquoi donc tant d'inconséquence dans leur langage ? C'est que la logique des faits est plus forte que tous les hommes et toutes les majorités réunies. Aucune majorité ne fera, que gouverner par une classe, ne soit gouverner par le monopole et le privilège ; aucune majorité ne fera, que la classe qui gouverne ne soit pas réellement la classe supérieure ; aucune majorité ne fera, que permettre de gouverner par la classe moyenne et devenir classe supérieure, ne soit manquer à son principe ; enfin, aucune majorité ne fera jamais, que manquer à son principe ne soit une cause infaillible de ruine : 1830 n'avait-il pas pour s'en convaincre les exemples de 89, de 93, du Directoire, de Napoléon et de la Restauration, et en effet, parce que le même sort lui était réservé dans la logique, le même sort lui est échu dans le fait.

Pressé, secoué entre la noble indignation populaire et la dédaigneuse indignation de la classe élevée, ces deux terribles branches d'une impitoyable tenaille, 1830 pouvait-il résister ! aussi avez-vous vu comme le bras irrité de la nation s'est servi de ce redoutable instrument pour le prendre au milieu de ses retranchemens de boue et de corruption, pour le jeter pâle et défait, honteux et tremblant dans sa chute sur la place de la Concorde ! Sur la place de la Concorde ! Entendez-vous bien, chers concitoyens ! Heureux concours ! féconde coïncidence, qui ne nous promet pas l'égalité dans l'avenir, mais qui nous donne l'égalité dès ce jour. — C'est sur la place de la Concorde que le vainqueur généreux a signé par sa clémence le pacte d'une indestructible union dans l'égalité parfaite des citoyens.

Chers concitoyens, Dieu nous garde donc, dans un moment où les cœurs alarmés réclament toute union ; Dieu nous garde de confondre dans la sévère condamnation de 1830 , avec les intrigans qui gouvernaient réellement, les hommes honnêtes et paisibles, qui dans la crainte d'un bouleversement fâcheux, et par leur influence légitime comme propriétaires ou comme capacités , ou même par leur action directe comme fonctionnaires , soutenaient ce gouvernement de transition ! Dieu nous en garde ! Nous avons vu trop souvent sur leurs traits attristés la douleur de sa honte croissante, pour ne pas rendre hommage à leur patriotisme trompé, et quoique leurs chefs soient les derniers dont la bouche ait prononcé ce mot sanglant : — Diviser pour régner, cet axiôme désespérant des gouvernemens abolis. Soyez certains, chers concitoyens, qu'aujourd'hui même , ils ne prononcent pas eux-mêmes avec moins de sincérité que nous tous, cet axiôme fraternel et consolant de notre politique nouvelle : — L'Union fait la force.

L'esprit humain n'a pas la puissance de fausser la logique de Dieu : aussi quelle que fut la rébellion de l'établissement de 1830 , ne lui fut-il pas permis d'arrêter le flot montant de l'égalité politique. Pardonnons-lui donc sa honte en faveur du progrès décidé et définitif qu'il semble lui avoir imprimé sans le vouloir ni le savoir.

En effet, l'aristocratie frappée au cœur et minée dans sa base par l'abolition du droit d'aînesse

et par la perte de ses propriétés, ayant vu jusqu'en 1830, par une pente insensible et naturelle s'affaisser la fortune qui pouvait lui assurer
un rôle politique prédominant, ne l'a-t-elle pas
vue décroître plus rapidement encore depuis cette
époque par son exclusion systématique de toutes
les fonctions salariées, et de telle sorte que sa
ruine est définitive aujourd'hui.

Bien plus, la noblesse elle-même n'a-t-elle pas
vu, surtout depuis 1830, décroître, par la perte
de son esprit de corps, toute chance de devenir
un corps politique. En effet, quel esprit de corps
pouvait résister à la diffusion de ses membres
dans tous les partis : fait éminemment promoteur
d'une fusion si désirée par tous, par cela seul qu'il
prouve que la noblesse, renonçant à toute action
exclusive, ne veut cependant pas renier le patriotisme qui porte chacun de ses membres à servir
la patrie de son influence réelle et légitime. Ainsi,
plus la noblesse se voyait détruire comme corps
politique ; plus ses membres isolés, en acceptant
à tout jamais, leur nouvelle position, devaient
se répandre et s'infiltrer dans les populations,
dans la fusion générale, dans l'union consommée
et dans la grande égalité politique pour y porter
leurs traditions d'honnêteté si fidèlement con-
servées.

Voyez-vous, chers concitoyens, comme dans
le cratère politique nouvellement entrouvert,
toutes classes, naguère encore distinctes, aujourd'hui sous le feu du patriotisme brûlant, sont

fondues en une seule et grande fraternité, pour rouler, comme une lave dévorante, sur l'étranger, dont l'audace voudrait envahir le volcan.

Que ce qu'on appelait, hier encore, les classes moyennes accepte leur défaite avec autant d'abnégation et de sincérité que ce que l'on appelait jadis l'aristocratie, et la France leur pardonnera les calamités de leur gouvernement.

Union! union! chers concitoyens, c'est le cri universel! Plus d'accusations, plus de récriminations! Il n'y a plus, entre nous, ni haut ni bas; il n'y a plus qu'un vertueux milieu, et comme tout le monde ne peut gouverner, il n'y aura plus au pouvoir que le parti de l'honnêteté. Qui, d'entre nous, prétendrait ne vouloir pas en être. Soyons unis dans ce grand principe d'égalité politique dont la gestation, à travers les siècles, nous a paru si laborieuse, et dont nous devons l'avénement récent à la Providence, qui nous conduit par des voies si mystérieuses et des volontés si maternelles.

Réfugions-nous dans l'union, chers concitoyens, et nous aurons le gouvernement de tous et le gouvernement de chacun, système politique qui, en attachant directement les hommes à la chose publique, renferme le secret du patriotisme dont nous avons tant besoin dans cet instant critique.

Soyons unis, et nous serons progressifs et non révolutionnaires; soyons progressifs, et nous serons pacifiques; soyons entre nous pacifiques, et nous aurons le temps d'amasser toutes nos ressources pour le moment du danger.

N'ayons plus pour devise politique que ces trois mots réunis qui ne sont qu'un rassurant symbole, comme nos trois couleurs ne sont qu'un glorieux drapeaux : Liberté, Egalité, Fraternité.

Chers concitoyens, la Providence, par des signes visibles et des voies inconnues, nous a donc conduits dans cet immense et magnifique palais que l'on appelle union, et où l'on doit se trouver si à l'aise. C'est, à coup sûr, beaucoup d'y être entré, mais ce n'est pas tout, car il faut y rester.

L'union est notre principe, que Dieu fasse qu'elle soit aussi la conséquence. Mais, entre le principe et la conséquence, il se trouve les moyens laissés à la contestation des hommes, et qui se résument, en politique, dans la synthèse de l'autorité d'un côté, et de la liberté de l'autre, comme assurant ensemble le gouvernement de tous et de chacun.

Si nous considérons l'homme seul, isolé au moment de sa création, il est évident que nous ne voyons en lui traces ni d'autorité ni de liberté, puisque ces deux choses impliquent nécessairement une idée de pluralité ; en effet, *un* est ce qu'il est, et rien de plus et ne peut avoir aucun rapport ; *un* n'est ni lié, ni maître, ni sujet ; *un* n'est pas même libre, il est seulement sauvage et agit selon l'instinct et le premier mouvement de son appétit ignorant et grossier. Mais la sociabilité, étant par excellence la nature de l'homme, hors de la société, il n'est donc pas parfait, puisqu'il se trouve en dehors de sa mission nécessaire. Maintenant, si nous le considérons en société d'abord avec Dieu, nous trouvons déjà pluralité dans ce nombre deux, par conséquent rapport et idée de droits et de devoirs, et par suite autorité et liberté ; et comme il est impossible de séparer l'idée de la création de l'idée de *son* créateur et de les admettre sans corrélation de droits et de devoirs, il est évident que l'autorité et la liberté ont existé *à priori* et simultanément par la création de l'homme.

La nécessité de l'une est une preuve réciproque de la nécessité de l'autre.

Si nous les considérons, après cela, dans leur action parmi les hommes, l'autorité et la liberté ne sont point des facultés d'instinct comme celles de la brute, des privilèges exclusifs et omnipotens de la force matérielle et même de la force intellectuelle, des attributs fâcheux et subversifs abandonnés aux caprices du hasard, une folie sans règle, sans motif et sans but.

En effet, l'homme, l'égal de l'homme, ne peut être né avec une autorité sans limites, avec la faculté brutale, la mission barbare de ployer sans raison, de briser son semblable, de même que celui à qui il fut dit : Tu mangeras ton pain à la sueur de ton front, n'avait pu naître complètement libre et ne pouvait rester tel. Peut-il naître complètement libre celui qui n'est pas à lui-même son propre créateur ? Non, il naît à la fois sujet de Dieu qui a la volonté de le créer, et sujet du père qui représente cette volonté, parce qu'il en est l'instrument. Il est évident de plus que dépendant ainsi d'une volonté et d'une action antérieures à sa propre existence, qu'étant avant sa naissance sujet de cette volonté et de cette action, il doit, après, rester sujet du créateur et de l'instrument.

Mais ce puissant Créateur n'a pu vouloir qu'un être, doué par lui d'une intelligence magnifique, ne fut entre ses mains qu'une misérable machine. Et pour qu'il pût lui rendre un hommage de quelque valeur, pour qu'il fût à leur égard digne de récompense, il devait, en lui traçant des lois, lui laisser la faculté de leur obéir ou de les enfreindre.

La liberté est donc, selon nous, la faculté de se développer sans contrainte, selon les lois de sa nature, dans le vrai et dans le bien.

En effet, l'homme doit *se développer*, parce qu'il sent dans son âme le germe d'un avenir meilleur et d'un fruit infini ; il doit le faire *sans contrainte*, parce qu'il ne peut mériter que par la liberté du choix ; il doit le faire *selon les lois de sa nature*, parce qu'il n'est pas un être qui puisse sans périr manquer aux lois de son être, et que les lois morales imposées à l'homme par Dieu lui-même, comme conditions de son être, et comme garanties de la conservation et de la perpétuité de son espèce, lui sont aussi nécessaires que celles de la digestion, et sont, par cela seul, sa propre et véritable nature. Un être quelconque peut-il donc, sans périr, agir en dehors des conditions de son existence.

Et, d'autre part, si ces prescriptions qui ne sont que l'ensemble de la morale, sont les conditions de notre existence, et par là notre véritable nature ; si elles représentent parmi nous l'autorité et la délégation qui nous en a été faite par Dieu ; ces prescriptions, dis je, ne sont-elles pas, au même titre et comme la liberté qui s'exerce sur elles d'une manière réciproque, le domaine nécessaire, la propriété inviolable de l'homme, qu'aucun ne peut usurper ni aliéner inutilement sans crime.

Autorité ! liberté ! phénomène magnifique, enfanté par l'intelligence divine! deux sœurs identiques, inséparables, dont les bras sont entrecroisés, dont les poitrines se touchent, et qui vivent par le même cœur et le même esprit, et dont la mort de l'une est la mort de l'autre!

Pourquoi l'homme s'est-il efforcé si longtemps, pour faire prédominer l'une sur l'autre, à troubler une si touchante et si vitale union! Il ne sentait donc pas, qu'entre ces deux filles de Dieu, la vie de l'une venait réciproquement des organes de l'autre.

Le grand mal, en effet, depuis de bien longues années, c'est qu'on les avait constamment séparées. Avant 1789, c'est l'autorité que l'on avait cherché à faire prévaloir en disant : l'autorité et l'ordre. Depuis 1789, au contraire, par une

réaction naturelle, c'était la liberté, en disant :
cherchons les moyens d'accord entre la liberté et
l'ordre. — Vaines présomptions des hommes !
Aveuglement étrange ! Comme s'il pouvait y avoir
rien de bon en dehors de ce qui fut établi par
la volonté divine : comme s'il pouvait y avoir
ordre sans autorité, ordre sans liberté. Comme
si l'union, la juste pondération de l'autorité et de
la liberté n'étaient pas l'ordre lui-même et le
secret de son maintien. En effet, l'ordre n'est
qu'un but, un résultat; ce n'est pas un principe,
un moyen. Ainsi dire, je veux l'ordre, c'est absolument ne rien dire en politique ; mais, dire
je veux ensemble l'autorité et la liberté, c'est
dire je veux rentrer dans les conditions de ma
nature, de mon existence, et par conséquent,
dans l'ordre. — Que Dieu, le grand constituant
de la nature de l'homme, veuille qu'il ne l'ou-
blie plus jamais.

Oui, mes chers concitoyens, autorité ! liberté !
Tout est là, dans ces deux termes magnifiques
qui résument tous les systèmes politiques. Sans
eux, avez-vous l'égalité et la fraternité et tant
d'autres conditions secondaires ? Non. Avec eux
ne les avez-vous pas toutes ? Oui. Et l'on aura
beau faire et beau dire, tous ces mots ne sont
point des principes distincts du grand principe de
liberté ; l'égalité est un de ses attributs, et la
fraternité en est un autre.

Mais l'inconstance des hommes est si grande,
chers concitoyens, et leur amour de la nou-

veauté est tel, qu'ils se laissent toujours prendre aux stratagèmes des intrigans et des ambitieux qui savent qu'il leur faut, à tout prix, du nouveau, et qui, ne pouvant en créer, rajeunissent pour le besoin de leurs égoïstes intérêts, les choses anciennes et impérissables d'un ordre d'idées avec des noms empruntés à un autre ordre tout-à-fait distinct. En effet, égalité, fraternité sont des principes et des préceptes religieux destinés à régler la morale ou les rapports des individus et des masses dans le monde des âmes. La religion suffit complètement à cette tâche magnifique ; mais l'homme n'est pas seulement esprit, il est aussi matière ; il a un corps embarrassé de besoins et d'intérêts matériels, et à l'occasion desquels la morale peut être, pour ainsi dire, physiquement blessée. C'est pourquoi la société, à mesure qu'elle s'est développée, s'est naturellement, et de plus en plus, trouvée obligée d'entrer dans une organisation, pour ainsi dire, matérielle et de police, dans l'unique but de protéger la morale et les intérêts matériels réciproques. Mais, pour cela, tout en s'appuyant indispensablement sur la religion qui, d'abord, présida seule et suffisamment aux premiers et plus simples rapports entre les hommes, il n'était nullement nécessaire de lui emprunter des préceptes dont le triomphe lui est exclusivement confié, puisqu'ils ne concernent que l'ordre moral ; il suffisait, pour ne pas surcharger inutilement l'esprit des hommes, de lui emprunter les deux grands principes qui renferment tous les autres et gouvernent toute chose. Ainsi, qui dit autorité et liberté, dit aussi égalité et fraternité, et je défie, à qui que ce soit, de comprendre que ces choses puissent exister l'une sans l'autre ; sans égalité ni fraternité, que sont l'autorité et la liberté, si ce n'est dureté, oppression et tyrannie. Tout le monde moral et physique repose donc sur ces deux mots : autorité et liberté, et le simple et doux précepte lui-même de la charité évangélique n'est pas autre chose, quand il dit que, si beaucoup ne mettent pas plus qu'ils ne doivent strictement, il n'y aura jamais assez. Il n'était donc pas nécessaire d'embarrasser la politique de deux mots véritablement sans valeur pour elle, puisqu'ils étaient déjà renfermés dans deux autres qui, bien compris, devaient suffire à tout.

Après ces explications préalables, observons encore ce qui a pu décider la providence à permettre ainsi l'usurpation de ces mots. La politique est, au fond, une institution principalement destinée au maintien de la morale, et qui par conséquent doit, avant tout, s'appuyer sur elle, ce que prouve assez l'emprunt nécessaire qu'elle lui a fait des principes d'autorité et de liberté. Ne serait-ce pas parce qu'elle aurait oublié son moyen et sa mission que Dieu aurait permis qu'il lui fut présenté deux mots exclusivement de la morale, pour l'y rappeler plus sûrement, et lui faire comprendre l'urgente nécessité de la mora-

lisation des hommes et d'elle-même, en l'arra-
chant à la préoccupation et à l'emploi trop exclusifs des intérêts et des moyens matériels, la jouissance et la force. Il ne faudrait pas cependant
qu'ils restassent trop longtemps dans la politique,
ce qui aurait pour effet la transsubstantiation du
Code religieux dans le Code politique, absolument comme dans les gouvernemens théocrati-
ques de l'antiquité païenne, de manière à maté-
rialiser la religion plutôt qu'à spiritualiser reli-
gieusement la politique. Quel avenir d'affreux
désordres n'aurait pas à subir la société, si de
pareilles craintes pouvaient se réaliser jamais : et
pourtant voici le danger de l'introduction et du
maintien de l'égalité et de la fraternité dans un
ordre d'idées qui ne leur appartient pas.

Mais puisque ces termes sont généralement
admis, adoptons-les donc simplement, après une
explication nécessaire ; et, tout en proclamant
que l'égalité n'est pas en politique une chose distincte de la liberté, mais un de ses attributs,
disons aussi que dans le sens qu'on lui donne
aujourd'hui, elle peut être une transformation
qu'a dû naturellement subir la liberté par le développement régulier de la société.

En effet, ce n'est pas assez d'affirmer que la
liberté pure, c'est-à-dire, la faculté légitime de
nuire à son prochain, n'a pu exister jamais. Non,
mais il faut dire que la marche progressive, le
développement nécessaire de la civilisation ayant
créé une foule de besoins nouveaux, d'intérêts

primitivement inconnus, l'exercice de la liberté primitive a dû devenir, à l'égard des semblables, plus difficile, plus délicat, plus gênant et bien souvent impossible. Ne fallait-il pas dès lors lui poser des entraves afin de la conserver à tous; ne valait-il pas mieux, plutôt que de la voir tout entière chez les uns et nulle chez les autres, que chacun en eut autant qu'il pouvait en avoir, que chacun en eut moins, mais en portion *égale*. La nécessité ayant donc opéré ses restrictions, ses résections à la liberté primitive, pour que chacun possédât tout ce qu'il pouvait en avoir, ne fallait-il pas constituer entre les hommes *l'égalité* des droits et des devoirs nouveaux, institués par la loi humaine, et dès-lors ne peut-on pas dire que l'égalité n'est en réalité qu'une *liberté secondaire*, substituée par la nécessité au lieu et place de la *liberté primitive*. L'égalité, considérée soit primitivement, soit secondairement, n'est donc pas autre chose que la liberté : donc pour vouloir la liberté, il faut absolument vouloir l'égalité.

Il faut donc, en fait de droits et de devoirs, non pas une égalité approximative, mais une égalité positive et complète.

Quand l'aurons-nous ? — Croit-on que le pauvre jouisse de l'égalité civile ? Ne sait-on pas que faute de pouvoir payer les frais de la justice, il ne peut bien souvent la demander et se voit écarté ainsi des bénéfices de la loi, qui, pourtant, devrait être secourable à tous. La justice coûte trop cher, et celui qui n'a rien, absolument rien

que son droit, ne saurait payer ni peu ni beaucoup
l'avantage de le faire prévaloir ; or, perdre son
droit légal par une raison en dehors de soi, n'est-
ce pas comme si on ne l'eût jamais eu, et n'avoir
pas le même droit que les autres, n'est-ce pas
être inégal, opprimé. Il n'y a donc pas pour le
pauvre : égalité civile, liberté civile.

Avons-nous davantage l'égalité politique ? —
La loi électorale de la Restauration était la prédominance des classes supérieures ; l'électorat de
1830 avait été établi pour faire prévaloir, par
contre, l'influence des classes moyennes, en
excluant complètement l'action des classes popu-
laires, contrairement au principe proclamé de la
souveraineté du peuple.

Que fera 1848 ? — Qu'il contemple avec gra-
vité deux exemples récemment donnés ; car s'il
suit le fatal système d'exclusion de 1815 et de
1830, il tombera comme eux sous les coups mé-
rités d'une légitime réaction. Que Dieu veuille,
pour la paix du monde et la perpétuité de l'union
universelle qui semble régner aujourd'hui, que
1848 ne manque pas à la magnifique mission de
constituer définitivement l'égalité civile et politique, c'est-à-dire la liberté et l'autorité.

Mes chers concitoyens, un des trois mots ma-
giques inscrits sur notre drapeau, que j'aime avec
le cœur d'un chrétien et que j'admets dans la
politique avec le cœur d'un Français, est le mot
fraternité. — Eh bien ! je voudrais vous montrer
que si, comme le mot égalité, ce n'est qu'une

qualification d'un attribut particulier de la liberté, ce n'en est pourtant pas une chose tellement distincte que ce mot ne puisse le renfermer en lui; car le puissant, c'est-à-dire Dieu, qui aime les choses simples parce qu'il connaît la nature de toutes, après lui avoir tracé les règles de sa conduite, donna à l'homme, pour les suivre, l'autorité et la liberté: l'autorité qui ne lui était que déléguée, et la liberté dont il lui faisait un don propre et qui devenait par là un attribut *sine quâ non* de sa propre nature. — Voici, dans toute sa simplicité, tout le système de la morale de Dieu.

En effet, pour ce qui concerne la fraternité, lorsque nous avons dit que la liberté était la faculté de se développer sans contrainte selon les lois de sa nature *dans le vrai et dans le bien*, qu'avons-nous voulu dire par ces derniers mots : *dans le vrai et dans le bien?* Nous avons voulu dire que toute déviation de la morale devait inévitablement gêner l'action d'autrui, puisque cette morale, n'existant que pour l'homme en société, n'est que l'ensemble des préceptes de Dieu sur les devoirs réciproques des hommes dont l'observation la plus parfaite est confiée à la charité, qui seule peut rétablir l'équilibre entre les bonnes et mauvaises actions. Or, que veut-on dire par fraternité, si ce n'est charité, si ce n'est observation parfaite des préceptes de cette morale réciproque; et d'un autre côté, si la liberté n'est que la faculté de se développer sans contrainte dans cette observation, la liberté, considérée relativement à son exercice, à ses effets envers les autres hommes, n'est donc, comme la fraternité, que l'observation de la morale réciproque, puisqu'il ne peut y avoir liberté pour autrui sans cette observation. La fraternité n'est donc pas une chose distincte de la charité qui, elle-même, n'est pas une chose distincte de la liberté, dont elles sont, dans la pratique, une seule et même chose.

Si quelques-uns d'entre vous, chers concitoyens, me disaient que cette théorie est oiseuse, je leur répondrais d'abord qu'elle ne peut l'être puisqu'elle est vraie, et ensuite je leur dirais : Les distinctions inutiles et à l'infini des attributs d'une chose commencent presque toujours par les faire considérer comme des choses distinctes, continuent par altérer tôt ou tard les vraies notions sur la nature de la chose elle-même, et finissent par en brouiller les notions pratiques, ce qui jette les hommes dans une inextricable confusion dont le retour positif aux véritables principes lumineux et dégagés peut seul les délivrer. N'est-ce pas ce qui est arrivé pour la liberté dont beaucoup ont été assez fous pour la demander et la pratiquer jusqu'à la licence, dont beaucoup ont été assez aveugles pour la repousser jusqu'à l'esclavage.

Disons qu'aucun gouvernement ne peut subsister sans l'autorité et la liberté sincèrement pratiquées, et nous aurons tout dit en politique.

Cependant, après avoir restitué les principes et prouvé que la fraternité n'est pas une chose distincte de la charité chrétienne d'abord, et de la liberté ensuite, admettons-la cependant dans la langue politique pour nous faire mieux comprendre de ceux qui l'adoptent et auxquels nous voulons parler.

La fraternité, qui devrait être le mobile de toutes nos actions, est à coup sûr le lien de tous les hommes et de toutes les classes que crée la civilisation ; mais bornons-nous à ce qui concerne, en elle, les rapports du riche et du travailleur, question vitale de la préoccupation actuelle.

Il est bien certain que l'état politique, qui n'a pour but que le libre exercice de la morale de Dieu, que la conservation, le maintien de l'ordre social ; que le gouvernement, qui n'a pour but que la protection des intérêts de tous et de chacun, ne doit pas être, dans la pureté de son institution, une véritable exploitation.

Les gouvernemens ont-ils bien compris cette vérité ? — En passant sous silence les gouvernemens antérieurs qui ne sont pas sans reproches, que pourrait, à cette question, répondre, en particulier, l'établissement de 1830, dont les fautes sont la cause immédiate de la crise qui nous travaille aujourd'hui ? A coup sûr, l'impôt est une condition *sine quâ non* de gouvernement : mais, s'il ne doit être perçu qu'en vue de la protection universelle des citoyens, l'établissement de 1830 oserait-il bien répondre que 1,800,000,000 pré-

levés sur la nation, ne sont pas une exploitation..... une éhontée exploitation..... et qu'il
n'était pas lui-même une fourmilière de fonctionnaires, non pas occupée à augmenter soigneuse-
ment les richesses de la France, mais s'agitant
pour disséquer et dévorer impitoyablement son
malheureux cadavre.

Par de pareilles exploitations, qui est-ce qui
souffre? Tout le monde, et surtout le pauvre
dont on fait l'infortuné valet du luxueux ban-
quet de la fonction ; le peuple qui en sert les
opulens convives, qui n'a dans le service que
la fumée peu nourrissante des mêts délicats et des
vins généreux, qui leur sert le pain du luxe et
qui n'a pas le pain de la vie. — *Faire rendre à l'impôt tout ce qu'il peut rendre — faire payer* — c'était
là tout le secret de la grande politique; mais *faire
travailler!...* Qu'importait! Le travail manquait
à celui qui vit de travail ; qu'importe! Eh ! bien,
qu'il meure!... Vous aviez raison, qu'il meure!...
Car vous n'auriez plus entendu les gémissemens
de sa faim, vous n'auriez pas subi la logique ven-
geresse de son généreux triomphe. — Mais la
civilisation était-elle donc conduite par des sau-
vages! Etions-nous gouvernés par des anthropophages! Etiez-vous les successeurs des vieux
Druides, pour régénérer, sur cette noble terre
de France, le sacrifice humain !

Ne sommes-nous pas tous frères !... Eh! qui
donc vous avait donné ce droit de Caïn! Croyiez-
vous donc que le peuple vécût de mitraille, de

fer et de plomb! Eh! ne saviez-vous pas que notre vie à nous tous, c'est l'argent, le pain et la morale!...

Pourquoi forcer le peuple à se retirer si souvent sur le Mont-Aventin, en le déshéritant de son travail? Vous qui dormez mollement dans la plaine, ne craignez-vous pas le torrent qui vient de la montagne!...

Pourquoi briser, dans leur sainteté, tous les ordres de Dieu. — La propriété ne peut être d'institution humaine ; en effet, nous ne nous sommes pas créés nous-mêmes, et elle est une des conditions constitutives de notre être ; car, évidemment, en naissant, chaque homme apporte, *ipso facto*, dans la vie, le droit de vivre ; la naissance implique donc la propriété de ce qui est nécessaire à la vie, quant à la nourriture au moins ; et le travail n'est-il pas la propriété primitive. Peut-on dire le contraire, quand on pense aux paroles de Dieu à l'homme coupable : *Tu mangeras ton pain à la sueur de ton front.* Eh! qui est-ce qui sue, si ce n'est le travail! Qu'est-ce qui procure le nécessaire dans l'état de nature, si ce n'est le travail pour soi ? Qu'est-ce qui procure l'aisance dans l'état de civilisation, si ce n'est le travail pour autrui ? Qu'est-ce qui donne la richesse dans l'état de civilisation avancée, si ce n'est le travail de la machine, comme suppléant au manque de bras, mais seulement au manque de bras ? Enfin, quelle est la richesse présente ou future de chacun, la propriété présente ou future dont le travail ne soit la source, la base, le principe ? — Le travail est donc le moyen du droit de vivre d'une manière ou de l'autre, puisqu'on ne peut vivre sans acquérir ou sans avoir acquis.

Et s'il en est ainsi, ce qui est certain, le gouvernement ne doit-il pas, avant tout, veiller à assurer le travail ? Qu'a fait pour cela l'établissement de 1830 ? — Hélas ! je n'ai pas la voix de Jérémie, pour me lamenter sur sa coupable insouciance et sur les douleurs terribles qu'elle perpétuait depuis quinze années dans les masses ! — Il ne savait qu'une chose, emprisonner quand on mendiait, n'ayant pas de pain ; quand on couchait dehors, n'ayant pas de gîte ; quand on volait par l'impérieux conseil de la faim !... Il fallait bien aussi la peine du talion contre le malheureux poussé au meurtre par la démoralisation de la misère ?... Quels remèdes aux souffrances de la société ! Après les prisons cellulaires, ces horribles vestibules du trépas, ces cruelles antichambres du cimetière, ces hâtives serres chaudes où l'homme mûrit si vite pour la mort, il ne manquait plus que le rétablissement de la torture ; après la torture morale, la torture physique ! — Etait-ce donc pour leur apprendre à vivre en société, qu'on les faisait vivre dans une vertigieuse solitude ? Etait-ce pour leur apprendre à vivre, qu'on les faisait ainsi mourir ? — Le pouvoir ne savait, à l'égard de l'indigent, que système repressif. —

Comment pourrait-on agir autrement, si l'on niait le droit de travailler ? Comment le peuple qui raisonne si juste, ne s'y serait-il pas trompé ? N'a-t-il pas dû croire que vous étiez la négation vivante du droit du travail ? Et vous, si éclairés, si savans, vous disant si philanthropes, comment ne vous eut-il pas crus sincères ? Comment n'eut-il pas cru que vous aviez raison !...

Nier le principe, n'est-ce pas nier la conséquence, et la propriété acquise, la propriété jouissante n'est-elle pas la conséquence de la propriété travaillante ? Le travail n'est-il pas la source, le principe efficient de la propriété ? — Si le travailleur vous voyait ainsi, dans la pratique, nier le travail sa propriété, ou, ce qui revient absolument au même, ne rien faire pour le lui assurer, comme c'était votre impérieux devoir, comment vouliez-vous qu'il n'en vint pas à nier la richesse, propriété du consommateur.

De là le communisme, et c'est vous qui l'avez créé, aveugles gouvernans de 1830.

Ainsi poussé, par une fatale ineptie, dans une voie si fâcheuse, raisonnant toujours juste de son point de départ, le peuple n'a-t-il pas dû voir un développement du communisme, une marche décidée vers lui, dans ce qui n'était qu'une tendance universelle à l'union plus intime des hommes, dans tous ces signes consolans répandus sur le monde ? N'a-t-il pas dû voir la communauté universelle arrivant par la presse, les steamers, les railways et les télégraphes électriques ; par cet universel système, si sympathique aux âmes bienveillantes, de crèches, de salles d'asile, d'éducation gratuite des frères, de souscriptions et de loteries pour toutes les douleurs privées ou politiques; par les tentatives d'extinction de la mendicité; par ces innombrables institutions d'établissemens industriels et de colonies agricoles pour les orphelins, les pauvres, les jeunes détenus et les enfans trouvés; par la position des fonctionnaires publics vivant sur le budget, masse commune prise sur tous; par ces sublimes sympathies pour tant de nationalités opprimées; par le droit de protectorat politique d'une nation sur l'autre; par le droit d'intervention politique; et enfin par la prétention des grandes puissances de former entre elles une sorte de grand conseil européen, pour juger en commun les affaires des autres États.

Quand on traitait ainsi le droit du travail; quand on niait, par la pratique, cette propriété sacrée, le peuple ne devait-il pas nier la richesse, autre propriété qui n'est que la conséquence et le produit du travail! Ne devait-il pas voir le communisme pur dans toutes les institutions dont nous venons de parler, et qui ne sont en réalité que les pas sacrés d'une marche providentielle vers la fraternité universelle et réelle.

Comment le peuple, avec de pareils enseignemens, pouvait-il penser que le communisme était la négation de tout le système social providentiel, impérissable et légitime, à commencer par la liberté ; que la destruction de la richesse était la destruction du luxe, que le luxe est nécessaire parce que l'homme produit par le travail, infiniment plus qu'il ne consomme par lui-même ; que l'absence de travail, sans parler de la famine est l'oisiveté, et que l'oisiveté enfin est la mère du vice et du désordre, et, en définitive, la loi de l'état sauvage.

Mais à quoi servirait de s'étendre davantage sur une pareille doctrine, si fatalement issue d'une fausse politique, et qui n'a pas un raisonnable défenseur.

Non : non : ce n'est pas dans l'assimilation du riche à sa misérable condition actuelle, que le peuple trouvera le bonheur ; mais, d'un autre côté, ce ne serait pas par l'indifférence et la négligence que le riche et le gouvernement pourraient opérer le maintien de l'ordre et retrouver la tranquillité de la jouissance.

Je ne veux invoquer que l'intérêt : il ne s'agit pas ici de sentimens. Peut-on empêcher les âmes généreuses de sentir ; mais aussi puis-je mettre un cœur dans les poitrines qui n'en auraient pas ; et, comme il faut de l'ensemble, une union générale pour la réorganisation nécessaire, ne nous adressons qu'aux intérêts qui sont de ceux qui ont un cœur, aussi bien que de ceux qui n'en ont pas.

Oui, la stabilité, l'affermissement politique tiennent radicalement à l'amélioration du sort des travailleurs, à leur rentrée dans les conditions naturelles de la vie sociale, et l'organisation du travail en est le seul moyen. L'histoire est là pour le prouver : en effet, le travail devenu libre sous Louis-le-Jeune, reçut de lui une organisation qui fut complétée sous Saint Louis. Qu'en elle-même, elle fut bonne ou non, n'importe : son adoption et son maintien jusqu'en 1789, prouvent assez la nécessité d'une organisation quelconque. Hélas ! ne parlons plus des désordres jetés dans le travail par son absence ; ils prouvent aussi d'une façon trop fatale sa nécessité rigoureuse.

Aussi est-ce l'idée, la préoccupation constante des esprits ; tous voient que la question politique est là. De là, que d'utopies, de projets, de systèmes plus ou moins vrais ou faux, sincères ou malveillans, réalisables ou impraticables, naturels ou artificiels, religieux ou matérialistes.

Je suis loin de vouloir apporter ici la solution d'un problème d'une difficulté si profonde ; je n'en ai ni la prétention ni le talent ; je n'ai qu'une chose à dire, c'est qu'aucun des systèmes que je connais n'est capable de réaliser une aussi grande idée, parce qu'aucun n'est tiré de la nature des choses. Ces work-houses, ces phalanstères, ces ateliers sociaux sont chacun plus ou moins destructifs de toute liberté, de toute variété, de toute diversité, toutes qualités constitutives de l'unité. Ils sont également destructifs, à divers degrés, de tout ressort, de tout mouvement qui pousse au progrès ; de tout esprit de famille, de tout désintéressement, de tout intérêt privé, ces grands mobiles moraux ; de tout patriotisme, de tout esprit national, ces grands mobiles sociaux et politiques. C'est pour eux l'organisation matérielle de la ruche, qui n'agit que par un instinct de conservation du moment, sans préoccupation aucune de la perpétuité de la race.

Non : non : l'homme ne fera jamais rien de durable, s'il ne met dans ses œuvres quelque chose de Dieu.

Rentrons donc pour cela dans les notions évangéliques. Les institutions politiques, chers concitoyens, existent, avant tout, pour le maintien de l'état social qui repose lui-même sur les simples préceptes de la morale : ainsi, si toute morale est dans l'évangile, toute politique ne doit-elle pas s'y trouver également.

Rentrons donc, pour régler les rapports de nos semblables, dans les deux préceptes de la charité rapportés, par le divin inspirateur de l'évangile, aux hommes qui les avaient depuis longtemps oubliés. — Plus on a plus on doit. — Fais à autrui ce que tu voudrais qui te fût fait. — Chers concitoyens, donnez-moi des lettres d'or pour inscrire ces magnifiques préceptes jusque sur le seuil des plus humbles chaumières. Beautés du luxe et du plaisir, laissez tomber dans ma main enthousiaste, laissez tomber de vos fronts attendris et charmans vos brillantes couronnes de diamans, pour les inscrire au frontispice de tous les temples et des palais des souverains.

Pourtant il s'est trouvé des hommes pour dénaturer ce divin précepte : — Plus on a plus on doit — en le mesurant aux proportions retrécies de la matière. Sans doute, plus on est riche, plus l'on doit au pauvre : qui voudrait nier l'évidence d'une prescription si consolante et si simple à la fois. Mais pour cela, ce précepte est-il en contradiction directe avec le droit sacré de propriété, comme l'y met M. Louis Blanc, par son système d'égalité des salaires. Cela veut-il dire que, tout en obéissant aux devoirs de la charité, le travailleur ne doive pas, pour améliorer sa position et progressivement s'élever, lui ou sa famille, jusqu'aux premières classes de l'ordre social : cela signifie-t-il, dis-je, que le travailleur ne doive pas profiter de ses facultés propres, et de ce que la nature lui a départi de plus qu'à d'autres, soit en intelligence, soit en force physique. Non, à à coup sûr, car il faudrait dire franchement que l'on nie la propriété et que l'on veut le communisme. Non, non, ce précepte divin : — Plus tu as, plus tu dois, — n'a point, à coup sûr, ce sens artificiel : il enseigne qu'on doit plus qu'un autre, et non pas que l'on doit tout, car le système de la morale, quant à son efficacité pratique d'homme à homme et dans l'état de société, reposant sur la solidarité et la réciprocité, il est clair que si chacun donne ce qu'il doit donner, chacun aura ce qu'il lui faut sans qu'il soit besoin de donner la totalité de son superflu. Dans un ordre plus élevé, ce précepte signifie encore que Dieu, au moment suprême, demandera davantage à celui qui a reçu de lui plus que les autres.

3*

— Quand on a les magnifiques bénéfices de l'o-
pulence et du génie, quelle plus juste justice que
d'en porter aussi les charges.

Quant au second précepte, j'ai remarqué,
chers concitoyens, qu'on le remplaçait trop souvent par le précepte païen.

Non : non : sous le règne du Christ, ce n'est
pas assez de ne pas faire à son prochain ce que
l'on ne voudrait pas qui nous fût fait : c'est là la
morale de l'indifférence, de l'égoïsme et de la
mort. Non : chers concitoyens, il nous faut, à
nous les enfans du Christ, une loi plus active et
plus féconde, la morale du mouvement et de la
vie. La charité n'a pas seulement un cœur pour
sentir ; elle a des bras et des pieds pour aller à la
souffrance et la serrer sur ce cœur débordant de
bienveillance et de consolation. Oui : chers concitoyens, *faisons à autrui ce que nous voudrions
qui nous fut fait.* C'est là le secret de la vie sociale ; c'est là la charité que notre politique
appelle fraternité.

Partons de ces deux sublimes préceptes, en
suivant leurs indications sur la route, et, sans
aucun doute, nous arriverons au but.

Tous ces socialistes, tous ces économistes mo-
dernes présentent une foule de systèmes artificiels et matériels pour étouffer le paupérisme et
la misère, ainsi que pour organiser le travail, et
personne ne pense aux moyens de Dieu, et pourtant
qui est-ce qui a dit à l'homme : — Tu mangeras
ton pain à la sueur de ton front ? — N'est-ce pas

Dieu qui institua le travail par ces mots qui retentiront à l'oreille de l'homme, jusqu'à la fin des siècles. Eh! qui est-ce qui doit consoler, si ce n'est celui qui doit récompenser ? Qui donc doit régler le travail, si ce n'est celui qui l'institua en y condamnant l'homme rebelle : celui qui possède tous les secrets de notre être et de notre organisation, puisqu'il créa le corps et l'âme de l'homme et tous les objets sur lesquels doit s'exercer son travail.

Le travailleur n'est-il pas le semblable du riche ? Ne lui est-il pas identique, quant à sa nature entière ? Pourquoi ses instincts naturels seraient-ils plus destructifs que ceux du riche ? S'il en était ainsi, il y a bien longtemps que la richesse aurait péri sous la puissance brutale du nombre, et que nous végéterions sous des lois d'anthropophages. On aura beau calomnier et mitrailler le travailleur, on ne fera pas que son cœur ne soit apte à recevoir tous les principes de la morale, auxquels eût dû l'initier la paternité du gouvernement, mais dont il ne lui donnait aucun signe, et que la néfaste année 1847 semblait avoir mission de détruire parmi nous, par ses infâmes exemples. — Est-ce, en effet, par l'exhibition éhontée de tous les scandales de la richesse et de la politique, que l'on moralise les populations, par des vols et des assassinats, par des filouteries et des suicides, des escroqueries et des concussions, des corruptions politiques et privées, des banqueroutes et des ventes de places, des folies de désespoir et des piperies de toute sorte.

Non! non! mais, plutôt que de n'agir que par des lois répressives en supposant l'homme radicalement mauvais, que l'on ordonne des mesures préventives en le supposant meilleur ; plutôt que de heurter sans cesse ses mauvais penchans, et de désespérer le retour, que l'on cherche à diriger, par des moyens charitables, ses penchans bons et légitimes, et bientôt l'exemple de la vertu, généralement donné, sera la meilleure législation qui puisse le conduire.

Que la base de l'organisation du travail soit une moralisation générale opérée par tous les moyens de Dieu et des hommes, et surtout que la religion, qui enseigne la morale, soit un objet de respect, pour être bientôt un moyen efficace. Avec une pareille base, soyez certain, chers concitoyens, de la réussite de tout système d'organisation du travail qui naîtra de la nature des choses, car, sa vérité elle-même sera un suprême moyen de moralisation ; le vrai porte en lui une incalculable force, et il faut bien que ce soit, puisqu'il se défend contre presque tous les hommes.

Maintenant, chers concitoyens, en ce qui concerne les mesures administratives et matérielles, je crois que l'organisation du travail industriel doit être assise sur l'amélioration de l'agriculture, dont la mission serait alors de fournir, non-seulement le nécessaire, mais l'abondance des subsistances à bon marché, de munir le travail d'une masse de matières premières nationales, et de retenir dans les campagnes, qui leur promettent une vie plus heureuse, cette masse surabondante d'ouvriers qui envahissent les villes pour y trouver la misère, entre le chômage et le besoin, dans le désespoir et la révolte.

Pour ce qui regarde l'organisation en elle-même, je ne sens point en moi, chers concitoyens, ce qu'il faut pour présenter la solution d'un si grand problème : je n'ai que des vœux pleins le cœur pour sa réalisation prochaine, et l'espérance la plus profonde ; mais n'est-il pas évident que c'est la fraternité évangélique qui doit le résoudre, et quelle plus belle réalisation de la fraternité que l'association qui est tant dans notre nature. — C'est donc par l'association que doit s'opérer l'organisation du travail.

En effet, si l'association s'établit quelque part, n'est-ce pas toujours pour centupler, par l'ensemble de l'action, les forces réunies et combinées, ou bien pour garantir contre la tyrannie de la force des uns, la faiblesse des autres. Mais serait-il possible d'arriver au but de l'association, sans l'égalité et la fraternité ; ce qui suppose qu'on y est entré dans toute la liberté de sa volonté, par le mouvement même de sa propre liberté. Liberté dans l'association, considérée depuis les plus étroites jusqu'aux plus larges proportions ; liberté dans l'association est donc le dernier mot de la politique humaine, dans une soumission nécessaire à l'autorité, et d'autant plus efficace pour sa propre conservation.

Remarquez bien, d'autre part, chers concitoyens, que plus l'association s'est développée parmi les hommes, dans ces conditions nécessaires d'autorité, de liberté, d'égalité et de fraternité, moins leur état s'est trouvé précaire, plus il s'est trouvé assuré; et pour vous le faire mieux comprendre, parlons seulement de la nourriture matérielle, en pensant cependant que tous progrès s'accompagnent inséparablement.

En effet, l'état le moins assuré est, à coup-sûr, le moins social; c'est l'anthropophagie qui fait dépendre la nourriture de l'homme, non d'un animal qui n'a que l'instinct; mais de la capture d'un homme qui a la même intelligence que celui qui veut le dévorer. On voit succéder à celui-ci l'état sauvage qui vit de la chasse, et fait dépendre la nourriture de l'homme d'un animal qui, n'ayant que l'instinct, se défend moins que l'homme. Vient ensuite l'état nomade dont la nourriture s'assure par l'élève des troupeaux. Arrive enfin l'état de civilisation qui commence par remettre le soin de la subsistance de l'homme à la culture de la terre, et qui, enfin, quand il est plus parfait, le remet concurremment à l'industrie, dont la mission est de centupler la richesse, par la satisfaction et l'exploitation du luxe et des jouissances.

L'agriculture et l'industrie sont donc les deux derniers termes de la civilisation, demandant une égale protection , et ne pouvant plus vivre l'une sans l'autre, parce qu'elles se soutiennent solidairement et se nourrissent réciproquement. C'est l'oubli fatal de leurs intérêts communs, de leurs conditions naturelles et vitales, et les entraves qu'on leur a posées depuis 60 années, qui sont, comme un retour vers la vie sauvage , la cause fatale du désordre matériel dont nous gémissons aujourd'hui.

Mais , rassurons-nous, chers concitoyons , car si l'industrie s'est développée dans la civilisation la plus avancée , dans et par l'association générale de la nation , de plus en plus parfaite , n'est-il pas évident qu'elle doit atteindre sa perfection la plus complète par le système de l'association particulière organisée par l'état ou par les individus. Espérons que cette nécessité, généralement sentie, sera bientôt une consolante réalité ; mais disons une dernière fois que la prospérité de l'industrie serait tout-à-fait éphémère, si l'agriculture, sa sœur inséparable dans la marche de la civilisation, n'était appelée à cotoyer son progrès.

Comprises ainsi que nous l'avons trop longuement expliqué, défendues, répandues, publiées dans leur véritable sens, toutes les vérités que nous venons d'énoncer seront bientôt des vérités pour tous, et cesseront, enfin, d'être parmi nous le sujet de tristes combats, dans le champ de la contestation , après avoir heureusement cessé de l'être dans les champs ensanglantés de l'émeute et de la révolution.

Ainsi, avec l'autorité et la liberté dans l'association particulière et dans l'association générale de l'état, nous aurons l'égalité et la fraternité; avec toutes nous aurons l'union, ou plutôt, chers concitoyens, nous conserverons celle que vient de nous donner la Providence divine par les mains glorieuses, mais malheureusement sanglantes, de la victoire populaire :

AUTORITÉ, LIBERTÉ, ÉGALITÉ, FRATERNITÉ.

Chers concitoyens, puisque vous avez bien voulu suivre avec moi, sans aucune préoccupation des formes politiques, la démonstration réelle et le développement progressif des principes éternels et nécessaires qui servent de base à la société morale et politique, permettez-moi, je vous prie, d'énoncer d'une manière succincte, à vos bienveillans esprits, les principaux moyens secondaires qui peuvent favoriser leur légitime exercice, mais toujours, chers concitoyens, dans l'abstraction complète des formes de gouvernement et dans la croyance personnelle et profonde que toutes peuvent réaliser les vœux naturels des peuples, chacune selon les lieux, les mœurs, les circonstances et les temps.

— Ces moyens sont la constitution des communes, la garde nationale, la presse, le jury, l'élection, dont la complète efficacité, à toutes, ne peut d'ailleurs se trouver que dans l'instruction bien plus généralement répandue. —

L'association générale de l'état est trop vaste pour permettre à chacun de s'occuper personnellement de ses propres affaires et de les sauvegarder près du pouvoir central dans leurs rapports avec celles des autres. Des associations plus restreintes sont donc indispensables dans l'association générale d'un grand peuple, pour que l'individu trop faible dans son isolement, puisse s'adresser à elles et leur confier le soin de son juste triomphe contre les refus et les prétentions si souvent exorbitantes de la grande communauté, et celles qui peuvent s'organiser par localité, entre gens des mêmes familles de parens ou d'amis, celles d'hommes en un mot qui se connaissent réciproquement, qui peuvent juger, par leurs yeux, de la bonne intelligence possible des intérêts particuliers entre eux, et de leur accord praticable avec l'intérêt général ; qui peuvent apprécier le droit positif de chacun et les motifs qui font agir ; qui peuvent, par leur assentiment, consacrer la vertu irrécusable, ou censurer, par leur improbation, le désordre éhonté ; n'est-ce pas ces associations qui se trouvent les plus naturelles, surtout lorsque leur légitimité ressort de la consécration du temps. — La commune est donc l'unité sociale devant, dans sa diversité, servir de base à l'unité politique.

Sous l'empire de la politique de la libre pensée, la troupe soldée, obéissante et passive, ne suffit plus aux besoins des peuples. Sans contrepoids dans les populations, elle donne au principe d'autorité et à la force matérielle et brutale une trop exclusive prépondérance au détriment de la force morale et du principe de la liberté. Les hommes qui raisonnent et qui sont convaincus de la justice de leur cause, veulent et doivent avoir le droit d'essayer son triomphe par les voies pacifiques et de la défendre eux-mêmes contre les attaques de la force brutale. Ceux qui ont la propriété du travail ou de la richesse doivent vouloir les défendre contre le trouble et le désordre. Que l'on ne craigne pas, il s'agit de moraliser et d'instruire, et quand on y sera parvenu, l'on peut être assuré que la juste raison prévaudra finalement. L'armée soldée est l'armée du territoire matériel; la garde nationale est l'armée du territoire moral, de la patrie morale, des droits et des devoirs des citoyens; elle est là pour prêter cœur généreux et main forte à l'armée soldée si son nombre, si son courage, trabi par la victoire, ne suffisaient plus à la défense du territoire attaqué; car, avec l'invasion d'un pays injustement violé, l'on voit entrer la violation tyrannique de tous les droits des citoyens. La confiance des gouvernemens est la force la plus efficace de la garde nationale, comme nous l'ont prouvé de tristes et sanglans événemens.

La presse, c'est l'astre, le soleil de la vérité dont les rayons vont la chercher dans les réduits les plus reculés de la terre, pour la faire briller à l'égal du diamant sorti des ténèbres de son sein; c'est le flambeau de la morale et de la vertu. Par la discussion de la presse, quelle est la vérité qui puisse séjourner dans l'ombre, et qui, en étant une fois sortie, ne puisse triompher de l'erreur. S'il n'en était ainsi, il faudrait donc désespérer du salut de l'humanité et de la miséricorde divine. Sous l'empire de la presse, quelle vertu peut rester dans l'oubli ; quelle vertu, devenue contagieuse, peut reculer devant la nécessité de servir d'exemple ; quel vice peut échapper à sa triomphante influence ? Quel masque d'hypocrisie et de trahison peut ne pas fondre sous ses rayons vengeurs ? Devant la puissance de la presse et de la publicité, quel gouvernement peut se tenir debout, quand au mépris des tranquilles conseils de la vérité et de la vertu, il s'est jeté dans la honteuse ivresse de l'improbité, de l'égoïsme, de la tyrannie et de la terreur ? Quel mystère de la science peut se dérober aux yeux clairvoyans et multipliés de la presse ? Quels éclairs ne peuvent jaillir des chocs providentiels de sa discussion incessante. Le Christ ne nous aurait-il apporté qu'une portion de la vérité qui nous est nécessaire ! Non : non : la presse est le plus immense moyen qu'il nous ait donné jusqu'ici pour la propager tout entière, comme nous l'avons reçue de sa divine générosité.

Mais, pour que la presse ne mésuse pas de sa magnifique mission, il est une nécessité positive, une condition régulatrice que lui impose la nature des choses. Il faut que l'instruction soit au niveau de sa grandeur. Hélas ! mes chers concitoyens, jusqu'à ce qu'il en soit ainsi, que de troubles n'aura pas à subir notre belle patrie. Nous savons tous que le triomphe définitif appartient à la vérité, et que c'est le temps qui le lui décerne presque toujours; mais en attendant cet instant désiré, que de mal n'a-t-on pas à craindre de l'erreur, quand on sait qu'elle se sert toujours contre elle des moyens de la vérité? Que ne doit-on pas redouter en pensant que sur 36 millions d'hommes, 3 millions seulement savent lire; que sur ce nombre il n'y a que 500,000 lecteurs, dont peut-être 20,000 sérieux et pouvant réellement juger entre l'erreur et la vérité? Hélas! que ne doit-on pas redouter lorsque l'on pense à l'attrait de l'erreur, à son empire présumable sur 480,000 lecteurs faibles, et à la force de leur propagande auprès des esprits tout-à-fait ignorans! Comment pourrait-on, après cela, s'étonner du mal que produit la presse dans l'état où nous sommes, et que beaucoup la regardent encore comme un pernicieux moyen politique. — Mais ils ont tort : ce n'est pas par l'erreur, par la ruse et la police que nous pouvons triompher de l'erreur : le moyen est plus simple. Laissez cet oiseau sinistre de la nuit et des ténèbres venir se brûler les ailes au feu de la vérité; et la presse n'est-elle pas le flambeau de la vérité, allumé par la main même de Dieu. Il faut combattre la mauvaise par la bonne presse, dont la puissance sera centuplée par le développement de l'instruction et qui sera, sans aucun doute, triomphante, quand tous les hommes seront capables de juger par eux-mêmes et par leurs excellens instincts; ce qui prouve que la prédominance féconde de la presse salutaire a sa racine dans la liberté complète de l'enseignement.

Quoi qu'il en soit, chers concitoyens, un des plus grands bienfaits qu'elle nous ait procurés jusqu'ici, c'est qu'elle a surabondamment prouvé aux gouvernemens qu'il était désormais, avec sa publicité, tout-à-fait impossible de gouverner longtemps par la ruse, la corruption et le mensonge, et qu'il fallait l'honnêteté des intentions et des actes.

Quel sublime spectacle que le jury faisant juger les hommes par la bonne foi de leurs concitoyens! Quelle magnifique et patriarcale institution, don trop restreint encore des âges de la pureté et de la simplicité des mœurs! Mais pour que le jury conserve toute sa grandeur et son utilité, il ne faut pas le corrompre par la malveillance, en altérer les sources par des préférences cruelles, en dénaturer le principe par un choix arbitraire qui brise, avec la ligne droite de l'égalité, toutes les notions de la justice. Il ne nous faut plus, chers concitoyens, de ces jurés *probes et honnêtes* inventés par un gouvernement corrupteur, et qui semblaient être dans sa main les hommes de la vengeance, plutôt que les défenseurs de la morale, des exécuteurs dressés et sans pitié, plutôt que des juges bienveillans.

Quand une institution appelle tous les hommes à un titre égal, pourquoi donc en exclure arbitrairement quelques-uns ; et si nous ne sommes pas un peuple d'idiots, les exclure, n'est-ce pas les condamner ? N'est-ce pas juger leur moralité, incapable de juger la moralité des autres, et les désigner d'un injuste index à la défiance et au mépris publics ? De quel droit vient-on condamner sans avoir jugé, car, pour juger, il faut avoir entendu l'accusé ? — Enfin, ces hommes arbitrairement exclus du tribunal du jury, si ce n'était pas leur idiotisme ou leur immoralité que l'on condamnait ainsi, qu'était-ce donc ? C'était donc plutôt leur intelligence et leur probité, parce qu'on avait trop de raisons pour les craindre.

Ne sait-on pas, d'ailleurs, que le but de l'institution du jury n'est pas seulement la sûreté de l'accusé ; mais qu'elle se propose encore la moralisation de ces juges improvisés, par le sentiment de la confiance que l'on met en eux, par la pratique d'une bienveillance charitable à l'égard des coupables seulement égarés, et par les préceptes salutaires qui les frappent dans le sanctuaire de la justice. — Que la liberté, l'égalité, la fraternité soient dans le jury, et la France le reconnaîtra comme une de ses plus sublimes institutions.

Le couronnement de nos grandes institutions est l'élection. — Souvenez-vous, chers concitoyens, que la Constituante était le cri personnifié de 6 millions d'électeurs, et que la législature de 1847 n'était que la voix grêle et phtysique de 200,000 monopoleurs. Et c'était dans la ferveur du progrès qu'il en était ainsi ! Aussi, qu'arrivet-il? C'est que le nageur se noie à vouloir ainsi remonter le cours irrité du torrent. — 200,000 électeurs, sur 36 millions d'hommes !... Étions-nous donc des Cophtes dégénérés, et n'était-ce pas le système des Mameluks élisant le soudan ! En vérité, c'était bien le système des Arabes et des pillards ; heureusement le vent de la tempête a pris leurs tentes pour les transporter ailleurs. — 200,000 électeurs !... Mais c'est le gouvernement d'une classe, du privilège et de l'exploitation ! S'ils prononçaient par fois les mots sacrés de liberté et d'égalité, que voulaient-ils donc dire ! Et s'ils avaient raison ; c'est donc une autre langue que la nôtre qu'ils parlaient ainsi ! — Pour moi, chers concitoyens, je me fais gloire de ne l'avoir jamais comprise.

Quel droit plus naturel que celui de veiller par soi-même ou ses représentans personnels au soin de ses propres affaires, de voter librement son propre dépouillement, l'expropriation nécessaire de l'impôt pour utilité collective, et de débattre, avec son délégué, l'état, le prix de la protection et de la justice qu'il doit vous donner, le prix de la tutelle, de la liberté que vous avez mise entre ses mains ! Quel droit plus légitime pour chacun, que celui de veiller au maintien et à la prospérité de la communauté dont on fait partie au même titre ! Quel droit plus glorieux que celui de veiller à la gloire de la patrie ! — Refusez aux citoyens l'élection, c'est-à-dire la vie politique, et le jour du danger, quand vous chercherez des hommes, en leur criant : Levez-vous, vous ne trouverez plus que des morts, et ceux que n'aura pas encore tués votre compression pneumatique ne seront plus que des fantômes que suffira, pour disperser, dans un clin-d'œil, le souffle impitoyable de l'étranger.

Mais, heureusement, chers concitoyens, nous n'étions pas encore des morts ; les spectres et les fantômes se sont levés dans le linceul souillé de l'oppression, et les oppresseurs, épouvantés de la nouveauté de cette fantasmagorie magique, se sont livrés aux ailes du vent pour échapper plus vite à leur vengeance. — Mais comme l'étranger n'est pas encore à nos portes, nous avons le temps de nous retremper dans la vie politique ; dix millions d'électeurs vont désormais régénérer le sang de la nation, que le monopole voulait appauvrir, en lui refusant le pain de la liberté.

Avides gouvernans de 1830, la main trop confiante de la France avait déposé dans les vôtres un glorieux drapeau, et vous l'aviez planté dans la boue!!...

La France vous avait ceint la glorieuse épée de Brennus, pour la jeter, pour l'équilibre du monde, avec ou sans fourreau, dans toutes les balances, et vous l'aviez livrée à la rouille de la honte et de la trahison!!...

Mais nous avons repris le drapeau pour l'arborer sur le promontoire de notre gloire, au-dessus de la région des tempêtes.

Nous avons retrempé l'épée dont l'éclair sera dans nos mains la lumière du monde ; dont la pointe saura partout, de la source du triomphe, faire jaillir la liberté.

Qui donc tenterait, désormais, de jeter l'épée et le drapeau dans les abîmes de la honte.

Aveugles gouvernans de 1830, la France avait cru confier sa liberté à votre autorité, elle l'avait livrée à votre tyrannie. Maintenant que le flot de sa victoire a passé sur vous, soyez en paix, car il vous a purifiés à nos yeux. Vous fallait-il donc, comme St Paul, être foudroyés, pour ouvrir les yeux à la vérité !... Maintenant que vous l'avez été, soyez en paix, car pour nous vous êtes purifiés par la main de Dieu qui vous a touchés, par le coup même qui vous a si soudainement frappés.

Voici, chers concitoyens, ce que j'éprouvais le besoin de vous dire, parce que ce n'est pas mon opinion du lendemain, mais celle de l'avant-veille ; parce que je ne suis pas seul à le penser de tous ceux dont peut-être vous le croyiez le moins ; parce qu'enfin, j'en avais plein l'esprit et le cœur. Ce ne sont pas des paroles de candidat, celles-ci, car elles ont repoussé toute adresse. Croyez ceux qui n'ont aucun intérêt à parler ; croyez ceux qui, comme moi, veulent être amis de tous, dans l'union d'une fraternité réelle, et non pas ceux qui veulent exploiter, près de vous, ces mots sacrés, dont ils ne comprennent pas la sainteté. Croyez qu'avec la sincérité du système des communes ; croyez qu'avec la presse, le jury,

l'élection et la garde nationale éclairés par l'instruction plus généralement répandues, et régnant
dans leurs conditions légitimes, sous le double
empire de l'autorité et de la liberté, nous pour-
rons conserver l'union qui semble régner, aujourd'hui, parmi nous. Croyez, comme nous le
croyons nous-mêmes, que la concorde est dans les
désirs sincères de bien des hommes dont on ne
l'avait pas pensé jusqu'ici. Croyez, surtout, à
la parole de ceux qui n'ont jamais menti.

Remercions en commun la providence, dont
nous avons ensemble étudié la marche miracu-
leuse dans l'histoire, de nous avoir conduit dans
ce port si désiré de la concorde ; demandons-lui
d'arrêter le souffle de la tempête prêt à nous disperser encore. Remercions-la donc encore, par
toutes les manifestations du patriotisme, de nous
avoir donné une autre unité magnifique que nous
envie l'œil jaloux de l'étranger, parce qu'elle fait
aussi notre force contre ses ambitieux projets.
N'avons-nous pas, chers concitoyens, l'unité de
territoire, ce splendide cadeau de soixante rois à
la République, qui saura sans doute en recueillir
les merveilleux effets. Depuis le Provençal jusqu'au Breton, depuis l'Artésien jusqu'au Basque,
quel est le citoyen qui ne se dise Français et ne
se glorifie de ce titre glorieux.

Chers concitoyens, que rien désormais ne vienne
briser cette unité, ni rompre cette union. Agi-
tons-nous dans des luttes pacifiques pleines du
mouvement de l'esprit et de la bienveillance des

cœurs. N'ayons pas entre nous l'agitation des tigres, mais prenons le mouvement des fourmis
travaillant pour la chose commune. Espérons que
la Révolution, cette Pénélope moderne, oubliera
la conduite qu'elle a tenue parmi nous depuis
soixante années, et que cette fois elle ne défera
pas dans la nuit la trame que ses amans viennent
d'ourdir au grand jour.

Souvenons-nous tous des paroles de détresse
prononcées à la chambre des pairs le 15 janvier
1848, par MM. de Montalembert et Guizot, et
qui étaient, pour l'un les paroles d'un prophète,
pour l'autre les paroles d'un mourant politique ;
souvenez-vous, chers concitoyens, de cet appel
désespéré aux *honnêtes gens*, parti à la fois de deux
camps si contraires, pour conjurer les dangers de
la crise qui nous menaçait alors et que nous su-
bissons aujourd'hui ! Amis et ennemis ne com-
battent-ils pas sur le même champ de bataille et
quand c'est sur le sein, sur la poitrine palpitante
de la même patrie, quand la lutte est tombée,
entre frères égarés peut-il y avoir défaite, peut-
il y avoir victoire ! Que peut-il y avoir autre
chose qu'union et concorde !

Que le rendez-vous général soit donc dans le
camp des *honnêtes gens*; c'est là seulement que
nous trouverons la paix civile dont le besoin nous
travaille, et la force et la victoire contre l'étranger qui voudrait nous blesser et nous tuer. Venez!
venez !... Que nos mains s'unissent dès aujour-
d'hui ! Le vindicatif aurait beau vouloir tyran-

niser ses frères, ce n'est pas à lui qu'appartien-
drait la victoire. Qu'il le sache donc, les choses
divines ne meurent pas, et il aurait beau faire,
la liberté qui vient de Dieu s'assiera triomphante
sur nos tombes à tous tant que nous sommes.

Le gouvernement n'est que le règne sensible,
visible, organisé de la liberté. Voici toute sa mission, et Dieu et les hommes savent si elle est
sublime et sainte ! Que celui qui va nous diriger
le sache bien, son maintien, sa vie sont à ce prix.
Mais pour arriver à ce but, il faut être le gouvernement du droit et non le gouvernement du fait ;
il faut considérer que depuis soixante années,
aucun gouvernement n'avait de bases solides, et
que tous sont tombés ; que depuis soixante années
les principes ont été tellement ébranlés, brouil-
lés, obscurcis, qu'il importe aujourd'hui de demander à la nation sincèrement consultée de
les restituer dans toute leur vérité positive et
claire, faute de quoi l'avenir doit recéler encore
la catastrophe et la chute.

Oui, pour arriver au but avoué de tout gouvernement, il ne faut pas violer dans son cœur
et dans ses actes cette liberté dont le nom s'épa-
nouit à chaque instant sur les lèvres ; il ne faut
pas exploiter l'impôt par une accablante aug-
mentation, quand on se plaignait si amèrement
de sa révoltante exploitation ; il ne faut pas surtout l'établir progressif, supprimer les successions
collatérales ou les charges d'un droit de 25 pour
cent réduit à 10 pour les successions directes,

toutes mesures qui ne sont que les chemins de traverse d'un communisme universellement repoussé ; il ne faut pas épouvanter la justice par l'amovibilité trop complaisante des juges ; il ne faut, par une illégitime et véhémente influence électorale, ni fausser , ni violer la volonté nationale que l'on invoque pour légitimer ses actes, ni que son esclave commande à sa souveraineté réelle et positive ; il ne faut pas réaliser ce mot de Danton : « Qu'en révolution l'autorité appartient au plus scélérat ; » il ne faut pas mettre à la tête des populations des hommes qu'elles ont vu depuis longtemps attachés au pilori de l'opinion publique ; il ne faut pas menacer de l'arbitraire et de la brutatité de cent dictateurs la liberté de penser et d'agir de fonctionnaires et de magistrats qui sont citoyens au même titre que les autres ; il ne faut pas usurper et prolonger une dictature que rien ne justifie ; il ne faut pas surtout condenser la volonté de 35 millions d'hommes dans la tête égarée de 100,000 agitateurs, en disant que *Paris se considère avec raison comme le délégué de l'opinion de tout le territoire national* ; il ne faut pas dire à Paris qu'il est souverain, pour dire à la France qu'elle n'est qu'une misérable vassale. — Qu'on se souvienne que les vassaux savent secouer le souverain qui pèse impitoyablement sur leurs épaules fatiguées ! Que la tyrannie, soit d'en haut soit d'en bas, n'a qu'un temps, que la liberté les a tous !....

Qu'on se souvienne que s'il se trouve toujours

des hommes pour tyranniser les autres, il y a aussi une justice éternelle pour punir finalement le bourreau, comme pour dédommager la victime. — Souffrons dans le calme et dans la fermeté. — Sachons attendre. — Pourrions-nous, chers concitoyens, nous plaindre trop amèrement des injustices politiques, si nous nous souvenions plus souvent de l'exil d'Aristide, de la cigüe de Socrate et de Phocion, et des lauriers réparateurs qui couvrirent leurs tombeaux.

AUTORITÉ, LIBERTÉ, ÉGALITÉ, FRATERNITÉ.